Angelika Kipp

Es hat geschneit!

Schablonen für Schneespray-Fensterbilder – geeignet auch für Fensterbilder aus Tonkarton oder Moosgummi

frechverlag

Von der beliebten Autorin Angelika Kipp sind im frechverlag zahlreiche andere Titel erschienen. Hier eine Auswahl:

TOPP 1708

TOPP 1572

TOPP 1833

Fotos: frechverlag GmbH + Co., Druck KG, 70499 Stuttgart · Ullrich & Co., Renningen
Zeichnungen: Berthold Kipp

Auflage: 6. 5. 4. 3. 2. | Letzte Zahlen
Jahr: 1999 98 97 96 95 94 | maßgebend

frechverlag GmbH + Co. Druck KG, D-70499 Stuttgart
ISBN 3-7724-1834-1 · Best.-Nr. 1834
Druck: frechverlag GmbH + Co. Druck KG, D-70499 Stuttgart

Der erste Schnee,...

...lange, dunkle Abende, geheimnisvolle Vorbereitungen für das große Fest, ...den Winter- und Weihnachtswochen ist noch immer ein geheimnisvoller Zauber eigen! Trotz überfüllter Geschäfte, gestreßter Käufer und oft mühevoller Geschenksuche besinnen sich immer mehr Menschen auf den eigentlichen Sinn dieses großen christlichen Festes und versuchen, etwas mehr Ruhe und Stille in den kalten Wochen des Jahres zu finden. Natürlich gehört dazu auch die Dekoration der Wohnung – winterlich, festlich, warm und gemütlich. Dieses Buch bietet Ihnen dafür die schönsten Motive, die Sie vielfach nutzen können. Auf Klebefolie übertragen, an die Fensterscheibe geklebt, mit Schneespray besprüht, entstehen glitzernde Schneeszenen, die eine winterliche und festliche Atmosphäre zaubern. Bei größeren Fenstern oder auch bei Sprossenfenstern bietet es sich an, verschiedene Vorlagen zu kombinieren, ganze Winterfenster zu gestalten. Und noch ein Vorschlag: Alle Motive dieses Buches sind so einfach gehalten, daß Sie sie auch in Tonkarton oder in Moosgummi arbeiten können. Einfarbig – zum Beispiel in Weiß oder in Rot – sieht das besonders hübsch aus.

Viel Spaß beim Basteln!
Angelika Kipp

Arbeitsmaterial

Schneespray
Selbstklebende Folie
Tonkarton
Bastelmesser
Schere
Schneideunterlage
Weicher Bleistift (4B)
Schwarzer Filzstift
Transparentpapier
Lineal
Evtl. beidseitiges Klebeband

Alle Motive dieses Buches lassen sich auch für stimmungsvolle Fensterbilder aus Tonkarton oder Moosgummi nutzen. Besonders hübsch sehen sie aus, wenn Sie einfarbiges Material – zum Beispiel in Weiß oder Rot – verarbeiten.

Hinweise

Selbstklebende Folie ist fast immer in Rollen erhältlich.
Wenn Sie die Folie entrollen, kann es passieren, daß sie sich an manchen Stellen von der Schutzschicht löst und leicht wellt. Deshalb ist es empfehlenswert, vor dem Aufzeichnen des Motivs die Folie von der Schutzschicht kurz zu lösen, um sie falten- und blasenfrei wieder darauf zu befestigen. Arbeiten Sie dabei am besten von der Folienmitte nach außen, pressen Sie die Folie mit Ihren Handflächen auf.

Auf den Seiten 5/6 finden Sie eine genaue Schritt-für-Schritt-Anleitung, wie Sie die Motive dieses Buches auf die Folie oder den Tonkarton übertragen.
Eine Variante: Haben Sie sich für eine Szene entschieden, legen Sie ein Stück Transparentpapier auf den Vorlagenbogen. Kleben Sie es mit einem kleinen Klebestreifen fest, damit es nicht verrutscht. Dann werden alle Linien mit einem weichen, aber spitzen Bleistift nachgezogen.
Anschließend wenden Sie das Transparentpapier und legen es auf die Vorderseite der Folie oder auf den Tonkarton. Mit einem spitzen Bleistift zeichnen Sie die Linien nochmals kräftig nach. Bei diesem Arbeitsgang wird der zuerst gezeichnete Bleistiftstrich auf die Folie bzw. auf den Karton übertragen. Die Vorlagen können Sie nun mühelos ausschneiden, aber Achtung: Das Motiv erscheint dann seitenverkehrt.

Anfertigen der Schablonen

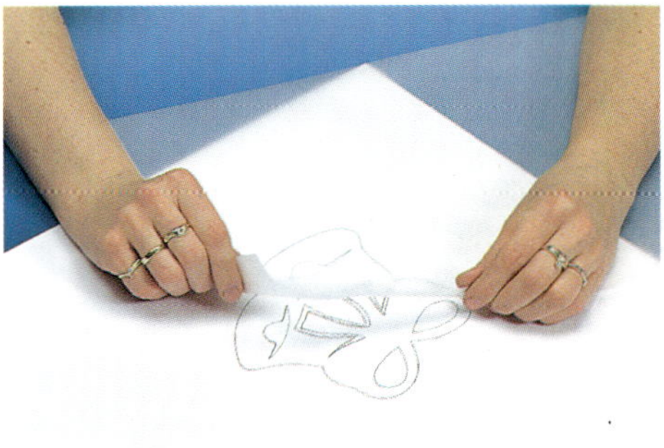

1. Legen Sie Transparentpapier auf die Vorlage; Sie können hier auch mit Butterbrotpapier arbeiten.

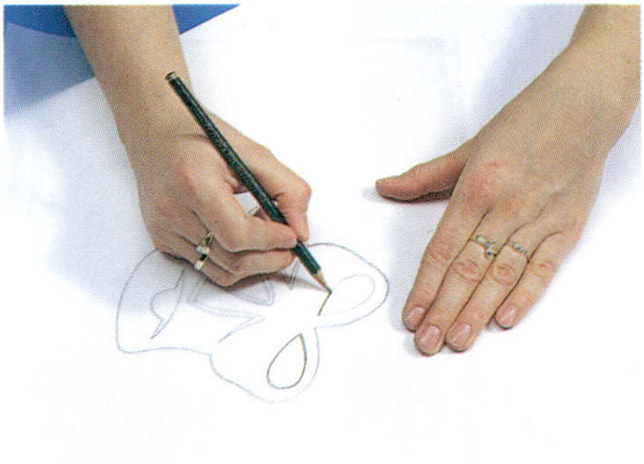

2. Übertragen Sie mit einem Bleistift alle Linien des ausgewählten Motives.

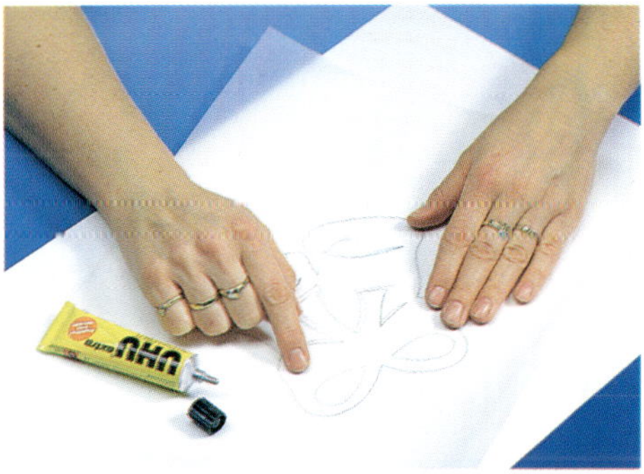

3. Dann wird das Transparentpapier auf eine dünne Pappe geklebt.

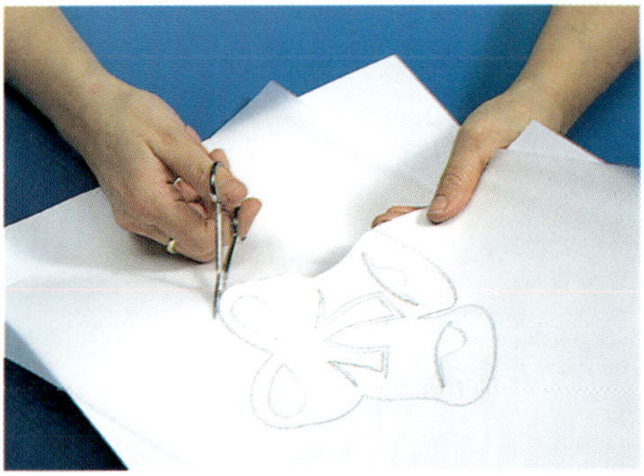

4. Schneiden Sie die Figur aus – und fertig ist Ihre Schablone!

Anfertigen des Spraybildes

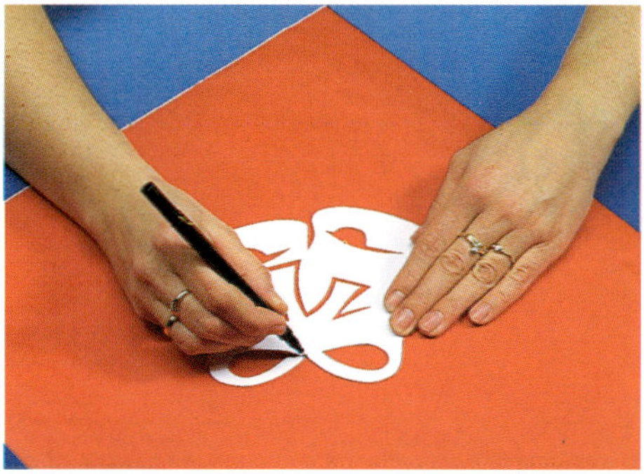

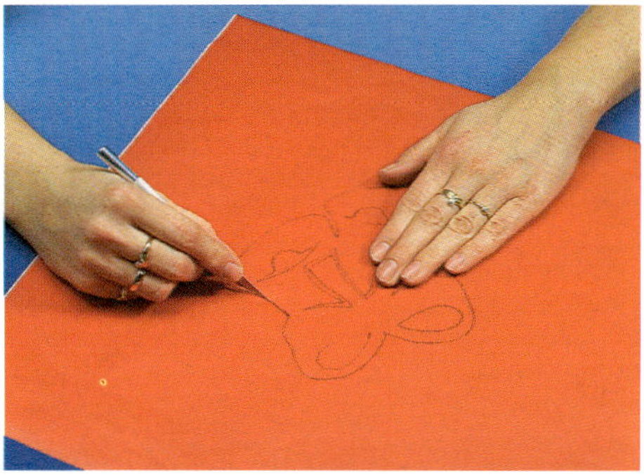

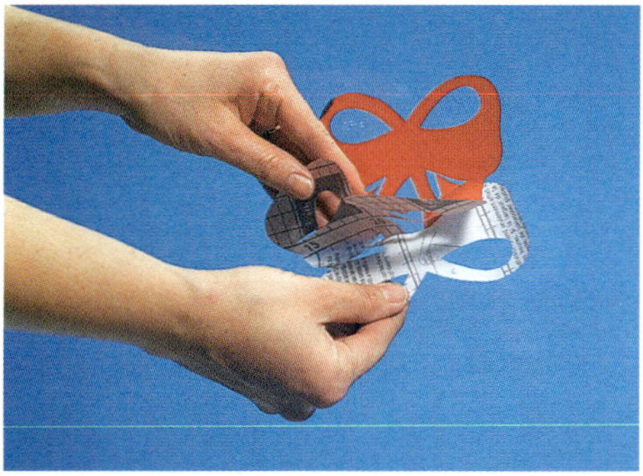

1. Legen Sie die Schablone wahlweise
a) auf eine selbstklebende, farbige Folie oder
b) auf einen dünnen Karton,
und umfahren Sie sie mit einem sehr weichen Bleistift oder einem schwarzen Filzstift.

2. Die Figur wird mit einer scharfen Schere oder einem Bastelmesser ausgeschnitten.

3. a) Lösen Sie zunächst nur einen Teil der Schutzschicht ab, und kleben Sie davon ein winziges Stück wieder an den Rand der Folie. Diese kleine „Griffstelle", die nicht am Fenster haftet, erleichtert später das Abziehen von der Scheibe. Befestigen Sie nun die Folie an Ihrem Fenster, indem Sie die Schutzschicht nach außen ablösen und gleichzeitig die haftende Folienseite gegen die Fensterscheibe drücken.

b) Haben Sie eine Schablone aus Karton gearbeitet, befestigen Sie sie mit beidseitigem Klebeband am Fenster.

4. Umsprühen Sie das Motiv mit dem Schneespray, wobei Sie die Spraydose möglichst parallel zur Sprühfläche halten sollten. Wenn Sie die Folie bzw. den Karton vorsichtig entfernen, ist Ihr stimmungsvolles Schneebild fertig!

Weihnachts-musik

Dann stell ich
den Stiefel auf...

Adventskranz

Weißt Du, wieviel Sternlein stehen?

Oh Tannenbaum

Meditation

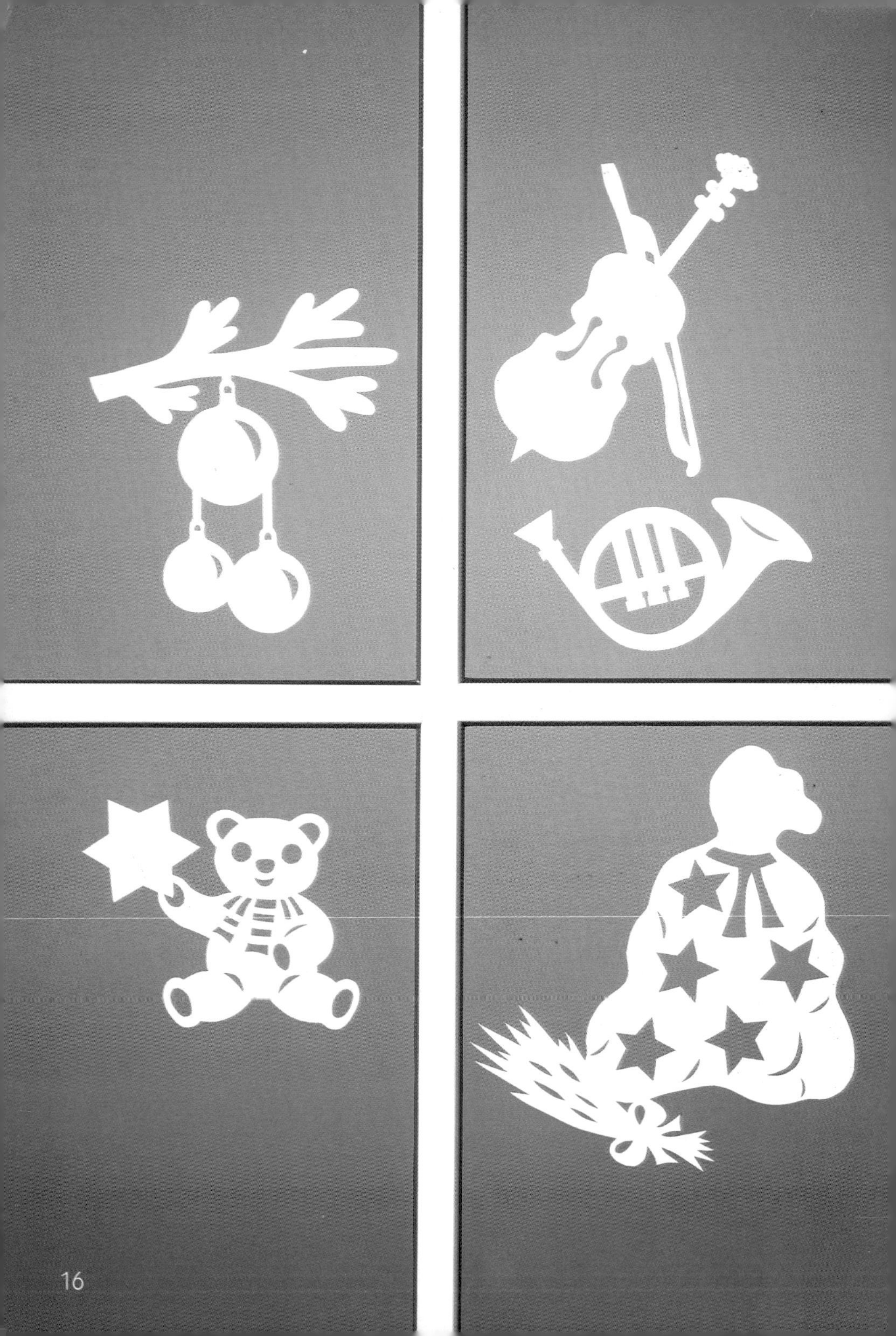

Wunderschöne
Weihnachtszeit

Morgen kommt der Nikolaus

Advent, Advent, ein Lichtlein brennt

Vom Himmel hoch, da komm' ich her

Advent, Advent

Hirte mit Herde

Bescherung

Schneiden Sie beim Mond nur die Außenkonturen und das Auge aus.

Abendhimmel

Die Kontur des Mondes wird aus Folie gearbeitet; das Auge kleben Sie separat auf Ihr Fenster.

Schneiden Sie die äußeren Konturen einschließlich der gepunkteten Linien aus dem Tonkarton heraus.

Winterzeit

Zeichnen Sie die Motive mittig auf einen großen Bogen, und schneiden Sie sie mit einem Bastelmesser heraus. Der Bogen wird an die Scheibe geklebt, die ausgeschnittenen Stellen werden mit Schnee besprüht.

Stimmungsvolles Fenster

Wintervorrat